Rossa & Rossa

Die 50 besten Anti-Mobbing-Spiele

DON BOSCO

MiniSpielothek

**Gerne nehmen wir Ihre Anregungen,
Wünsche, Kritik oder Fragen entgegen:**
Don Bosco Medien GmbH, Sieboldstraße 11, D-81669 München
anregungen@donbosco-medien.de
Servicetelefon: +49(0)89 48008-341

Bibliografische Information der Deutschen Nationalbibliothek

Die Deutsche Nationalbibliothek verzeichnet diese Publikation in der Deutschen Nationalbibliografie; detaillierte bibliografische Daten sind im Internet über http://dnb.d-nb.de abrufbar.

6. Auflage 2026 / ISBN 978-3-7698-2260-1

produktinformation@donbosco-medien.de
www.donbosco-medien.de

Umschlag und Umschlagfoto: Manfred Lehner, Blue Cat Design
Layout: Alexandra Paulus
Satz: Don Bosco Medien GmbH, München
Druck: dieprintzen, Ursensollen

Gedruckt auf umweltfreundlichem Papier

DON BOSCO

Inhalt

Das Wort verwundet leichter,
als es heilt.

Johann Wolfgang von Goethe

Präventive Anti-Mobbing-Spiele

So wie du bist

Die Kinder laufen kreuz und quer durch den Raum, im Hintergrund läuft Musik. Sobald die Musik durch die Spielleitung gestoppt wird, bleiben die Kinder stehen und drehen sich zu dem Kind, das ihnen am nächsten steht, um. Nun beginnen die Kinder, ihrem Partner eine Eigenschaft zu nennen, gefolgt von dem Satz: „Deshalb mag ich dich, so wie du bist.“ Sobald die Musik wieder erklingt, laufen die Kinder wieder durch den Raum.

Material

CD-Player, Musik

Stress-Bauch-Bremse

Die Kinder sitzen gemütlich auf ihrem Stuhl. Für die folgende Übung ist es gut, wenn alle ruhig werden, auch wenn hier und da am Anfang noch ein wenig gekichert werden darf. Den Kindern wird folgende Atemtechnik präsentiert:

> *Stellen wir uns vor, dass sich ein großer blauer Luftballon in unserem Bauch befindet. Mit jedem Atemzug füllen wir den Ballon und spüren, wie er größer wird. Da uns der blaue Luftballon so gut gefällt, lassen wir beim Ausatmen nur ganz langsam die Luft aus ihm raus. Damit uns das leichter fällt, spitzen wir die Lippen, als ob wir ein lustiges Lied pfeifen wollten. Durch die gespitzten Lippen bremsen wir nun die Luft, die wir ausatmen wollen, und lassen sie nur langsam raus. Wiederhole diese Atemtechnik drei- bis fünfmal und spüre, dass nun kein Platz für Stress in dir ist.*

Top oder Flop

Verdeckte Satzstreifen, ein Papierkorb und ein Teller liegen bzw. stehen in der Mitte des Stuhlkreises. Nun steht das erste Kind auf, nimmt sich einen Satzstreifen und liest ihn laut vor, sobald es wieder sitzt. Die Kinder überlegen gemeinsam, ob es sich um ein Kompliment handelt und in welcher Situation sie diesen Satz gerne oder überhaupt nicht hören möchten. Nun entscheidet der Vorleser, ob es ein Flopsatz ist und damit in den Papierkorb gehört oder ein Topsatz, der in Zukunft „serviert" werden darf und auf dem Teller liegt.

Beispiele

- Das hast du ja prima gemacht.
- Der Pullover ist schön. Wo gibt es den?
- Dein Schulranzen ist hässlich.
- Dein Pausenbrot sieht eklig aus.
- Tut mir leid, dass du dir weh getan hast.

Material

Satzstreifen, Teller, Papierkorb

Ich suche dich

Jedes Kind sucht sich einen Partner aus. Nun erhalten die Paare 60 Sekunden Zeit, um an ihrem Gegenüber Merkmale zu finden, an denen sie sich blind wiedererkennen können. Nach Ablauf der Zeit legen sich alle Kinder nun die Augenbinden an. Auf ein Signal hin verteilen sich die Kinder leise und vorsichtig im Raum. Auf den Zuruf der Spielleitung „Ich suche dich", versuchen die Kinder ohne zu sprechen, ihren Partner wieder zu finden.

Material

Augenbinden (für jedes Kind)

4

Der Klassenschwur

Alle Kinder sammeln gemeinsam Ideen, um das Klassenklima zu verbessern. Diese werden auf der Tafel gesammelt und im Anschluss zu einem Klassenschwur zusammengefasst. Dieser sollte kurz, prägnant und gut zu merken sein. Auf einem Flipchartbogen kann dieser gut sichtbar im Klassenraum aufgehängt werden und jeden Morgen als Ritual gemeinsam aufgesagt oder mit einer bekannten Melodie gesungen werden.

Schutzengel-Konferenz

Die Kinder stellen sich im Stuhlkreis hinter ihren eigenen Stuhl. Als ihre eigenen, persönlichen Schutzengel ergreifen sie nun nacheinander das Wort und erzählen in der 3. Person Singular über das Befinden, die Wünsche und die Ängste ihres Schützlings. Die anderen Schutzengel dürfen Ratschläge geben, wie der Schutzengel dem Schützling helfen kann.

Gerüchte-Küche

Die Kinder sitzen im Kreis, in der Kreismitte stehen gegenüberliegend zwei Stühle. Die Spielleitung erfindet nun ein Gerücht über ein unbekanntes Kind, welches sie einem Kind ins Ohr flüstert. Nachdem das Gerücht einmal die Runde gemacht hat, setzt sich der Letzte auf einen der beiden Stühle und sucht sich einen Partner aus, der auf dem zweiten Stuhl Platz nimmt. Jetzt wird das Gerücht enthüllt und dem Partner mit einem tiefen Blick in die Augen gesagt. Dieser soll sich vorstellen, dass er gemeint sei, und im Anschluss davon berichten, wie es sich angefühlt hat und was es für ihn bedeuten würde, wenn dieses Gerücht über ihn im Umlauf wäre. Folgend werden weitere Gerüchte anderen Kindern zugeflüstert, die diese ebenfalls weitersagen.

Auf dem Schulhof

Die Kinder spielen folgende Situation im Rollenspiel nach:

Auf dem Schulhof siehst du ein Kind, das einen perfekten Handstand macht. Nachdem du eine Weile zugeschaut hast, möchtest du es gerne ansprechen.

Nachdem die Kinder die Situation und das Gespräch nachgespielt haben, werden die Rollen getauscht.
Im Anschluss wird in der Gruppe über die Empfindungen und Gefühle bei dieser Übung gesprochen.

Friedenszauberer

Die Kinder dürfen mit einem „Zauberstab“ jemanden in der Gruppe verzaubern. Da jeder Friedenszauberer nur dreimal zaubern kann, sollte gut überlegt werden, wen man mit welchem Zauber belegt. Die Aufgabe ist, auf jemanden in der Gruppe zuzugehen, ihn vorsichtig mit dem Zauberstab zu berühren und dabei z. B. zu sagen: „Ich verzaubere dich in einen Jungen, der mich in Ruhe lässt.“ Nachdem der Zauber ausgesprochen wurde, darf nicht gesprochen werden, bis der nächste Friedenszauberer an der Reihe ist.

Material

Zauberstab

Ich, du, wir, ihr, sie

Jedes Kind hat ein Foto von sich dabei. Die Spielleitung wählt ein beliebiges Foto aus und legt es in die Mitte des Sitzkreises. Nacheinander dürfen die Kinder nun aufstehen und ihr eigenes Foto so neben das ausgelegte Foto legen, dass es die Beziehung zu dem Kind darstellt. Dicht bedeutet dabei „gut befreundet" und weit entfernt bedeutet „wir haben Streit". Jedes weitere Kind legt sein Foto passend zu allen bereits liegenden Fotos auf den Boden. Im Anschluss an jede Runde werden die Ergebnisse besprochen.

10

Spiele zur Konfliktlösung und Ausgrenzungsvermeidung

Der Notfall-Plan

Anhand eines Beispiels wird mit den Kindern eine Konfliktsituation beleuchtet und analysiert.

- Wie kam es zu dem Streit?
- Wie haben sich die Streitenden verhalten?
- Was hat den Streit verstärkt?
- Wie ist der Streit wohl ausgegangen?

Die einzelnen Streitstufen werden auf einem Flipchart dargestellt. Im Anschluss überlegen die Kinder gemeinsam, welche Ausstiegsmöglichkeiten es in den einzelnen Streitstufen gegeben hätte. Anhand der Lösungsmöglichkeiten lässt sich nun ein Notfall-Plan für Streitsituationen anfertigen. Es bietet sich an, die Lösungen in folgende Abschnitte zu ordnen:

- Was kann ich tun?
- Was kann der andere tun?
- Was können wir sofort machen?
- Was sollten wir später noch machen?

Ordnung im Chaos

Zwei Kinder sitzen sich auf zwei Stühlen gegenüber. Anlass kann ein vorangegangener Streit gewesen sein, bei dem die Kinder eine Meinungsverschiedenheit hatten. „Ordnung im Chaos“ ist eine Möglichkeit, den anderen besser zu verstehen. Dabei erzählt Kind A, während Kind B nur zuhört, warum es zum Streit kam. Nachdem Kind A in kurzen Sätzen das Problem erklärt hat, wiederholt nun Kind B die Aussage von Kind A und fragt im Anschluss, ob es die Aussage richtig verstanden hat. Folgt nun die Antwort „ja“ von Kind A, kann Kind B auf die Aussage von Kind A eingehen und seine Meinung dazu sagen. Lautet die Antwort „nein“, wiederholt und erläutert Kind A seine Aussage, bis Kind B sie verstanden hat und wiederholen kann.
Grundsätzlich geht es darum, die Aussage des anderen zu verstehen und bestätigt zu bekommen, bevor ein neuer Aspekt ins Gespräch gebracht wird.

Sumo-Schule

Die Kinder verteilen sich als Paare im Klassenzimmer und stellen sich eine Armlänge voneinander entfernt auf. Die Kinder gehen nun leicht in die Knie und strecken ihre Arme nach vorne aus wie zwei Sumo-Kämpfer. Aufgabe ist es, sein Gegenüber aus dem Gleichgewicht zu bringen, denn wer einen Fuß vom Boden abhebt, verliert einen Punkt.
Schon beim ersten Vorführen sollte den Kindern gezeigt werden, dass das Drücken nach vorne genauso zielführend ist wie das Ausweichen nach hinten. Nach drei Punkten wird der Partner gewechselt.

13

Streitbild

Zwei oder mehrere streitende Kinder werden aufgefordert, stillschweigend ein Bild über ihren Konflikt zu zeichnen. Dabei ist besonders darauf zu achten, dass nicht gesprochen werden darf.
Im Anschluss stellen die Künstler ihr Bild der gesamten Gruppe vor und es kann gemeinsam über das Bild und das Geschehen diskutiert werden.

Auf dem Schulhof

Drei Kinder übernehmen die Hauptrollen im folgenden Rollenspiel, welches im Stuhlkreis gut dargestellt werden kann.
Dabei geraten zwei Schüler auf dem Schulhof in einen Streit, das dritte Kind übernimmt die Rolle des Lehrers, der das Opfer schützt und gleichzeitig den Konflikt lösen möchte.
Im Anschluss werden das Vorgehen und die Schwierigkeiten im Kreis besprochen.

15

Der Außenseiter

Jedes Kind wird nacheinander zum Außenseiter bestimmt. Während alle Kinder durch den Raum gehen und sich freundlich begrüßen, wird der Außenseiter gemieden und ausgeschlossen.
So sehr er sich auch bemüht, wird er von den anderen ignoriert. Nachdem der Außenseiter versucht hat, mit jedem Kind Kontakt aufzunehmen, ist die Runde beendet und alle Kinder wenden sich zum Außenseiter, begrüßen ihn herzlich und zeigen ihm, dass er ein wichtiges Mitglied der Gruppe ist.

16

Die Autowaschanlage

Alle Kinder stellen sich in zwei Reihen auf, so dass sich immer zwei Kinder mit einer Armlänge Abstand gegenüber stehen. Eines der beiden ersten Kinder vorne in der Reihe stellt sich nun vor die entstandene Autowaschstraße und verkündet laut, welches Auto es sein möchte. Bevor nun das Auto in der Autowaschanlage gewaschen werden kann und durch die Waschanlage geht, darf das Kind bestimmen, wie das Auto gewaschen werden muss.

Beispiele

- Ich bin ein kleines Auto und muss ganz kitzelig gewaschen werden.
- Ich bin ein Sportwagen und muss besonders schnell gewaschen werden.
- Ich bin ein Geländewagen und muss besonders wild gewaschen werden.

Im Anschluss stellt sich das Kind am Ende der Waschanlage auf und wird ein Teil davon, bevor das nächste Kind an der Reihe ist.

Der Kamelmetzger

Ein Kind wird als Kamelmetzger bestimmt und verlässt kurz den Raum. Die anderen Kinder sind eine Kamelfamilie und bestimmen das besondere Kamel, dem ein Schal, der gut zu sehen ist, um den Bauch gebunden wird. Wenn der Kamelmetzger wieder den Raum betritt, um das besondere Kamel zu finden, steht die Kamelfamilie ganz eng beieinander, so dass der Kamelmetzger nicht erkennen kann, wer das besondere Kamel ist. Er darf um die Herde herum laufen und versuchen, sich ohne Gewalt dazwischen zu drängen. Die Kamele dürfen nicht schubsen, sie leisten nur passiven Widerstand und verhindern, dass der Kamelmetzger herausfindet, wer das besondere Kamel ist und es dann berührt.
Im Anschluss werden die Rollen getauscht, bis jedes Kind einmal das besondere Kamel gespielt hat.

Material

Schal

Das tiefe Loch

Die Kinder sitzen im Stuhlkreis. In der Mitte steht ein Stuhl oder ein Hocker. Ein Freiwilliger darf sich in die Mitte setzen und sagt folgenden Satz:
„Ich bin in ein tiefes Loch gefallen und bin sehr traurig."
Die anderen antworten gemeinsam:
„Wie können wir dir helfen?"
Der Freiwillige darf sich nun ein Kind aus der Runde aussuchen und erklären, auf welche Art es ihm helfen soll.

Beispiele

- Der Thomas darf mich kitzeln.
- Die Anne darf mich trösten.
- Der Hannes darf mich zum Lachen bringen.

Das Kind, das geholfen hat, darf nun in der Mitte bleiben und beginnt wieder mit dem Satz:
„Ich bin in ein tiefes Loch gefallen."
Die Runde endet, wenn alle Kinder einmal die Rolle in der Mitte übernommen haben.

Der Bestimmer

Alle Kinder gehen zu leiser Musik durch den Raum. In der Mitte des Raumes steht ein Stuhl. Jedes Kind darf ein einziges Mal pro Runde auf diesen Stuhl steigen und bestimmen, wie alle anderen sich bewegen sollen.

Beispiele

- Alle hüpfen wie Frösche.
- Alle tanzen und pfeifen ein Lied.
- Alle gehen rückwärts.

Sobald alle Kinder an der Reihe waren, beginnt eine neue Runde.

Material

CD-Player, Musik

Spiele gegen Beschimpfungen und Beleidigungen

Der Schimpfwort-Tresor

Alle Kinder sammeln gemeinsam „verbotene" Schimpfwörter. Diese werden auf kleinen Zetteln einzeln aufgeschrieben und gesammelt.

Im Anschluss werden die kleinen Zettel zusammengefaltet, zerknüllt oder in Schnipsel zerschnitten in ein Kästchen gepackt, während dabei positive Alternativen zu den Schimpfwörtern besprochen werden.

Der Schimpfwort-Tresor wird von den Kindern mit Klebeband fest verschlossen. Nun darf das Kästchen versteckt oder an einem ungemütlichen, kalten, dunklen Ort gelagert werden, damit alle wissen, dass diese Wörter in Zukunft tabu sind.

Material

Kästchen, Klebeband

Schlagfertige Antworten

Die Klasse wird in Kleingruppen aufgeteilt. Jede Kleingruppe sammelt Schimpfwörter und Sätze, die verletzend und beleidigend sind. Nachdem nun jede Gruppe einige Beispiele aufgelistet hat, beginnen die Gruppen damit, sich schlagfertige Antworten dafür auszudenken.

Beispiel

- Beleidigung: Du bist doof.
- Antwort: Meine Freunde sehen das anders.

Im Anschluss werden alle Beleidigungen und passenden Antworten vorgetragen und besprochen.

Variation

Die Übergriffe und die schlagfertigen Antworten werden der Gruppe vorgespielt.

„Ping-Pong-Wörter"

Die Kinder sammeln gemeinsam Schimpfwörter. Diese werden an die Tafel geschrieben, so dass eine Liste von Beschimpfungen und Beleidigungen vorne an der Tafel zu lesen ist.
Nun werden die Kinder in Kleingruppen aufgeteilt (vier bis sechs Kinder pro Gruppe). Jedes Kind erhält einen eigenen, neuen Tischtennisball. In der Kleingruppe darf nun geschimpft werden, jedoch nur mit dem Tischtennisball im Mund. Bei dieser Übung soll der Schimpfende sich richtig Mühe geben, ernsthaft die Beleidigungen auszusprechen. Nachdem jeder in der Kleingruppe einmal geschimpft hat, dürfen die Gruppen neu durchmischt werden.

Material

neue Tischtennisbälle (für jedes Kind einen)

24 Schimpfen im Wandel der Zeit

Alle Kinder bewegen sich durch den Raum und starten als 90-jährige Omas und Opas. Sobald sich zwei begegnen, dürfen sie sich beschimpfen und zwar so, wie es wohl 90-Jährige tun würden. Auf ein Zeichen der Spielleitung hin werden nun alle Kinder jünger und sind auf einmal ca. 70 Jahre alt. Auch jetzt bewegen sie sich wie 70-Jährige und beginnen, sich zu beschimpfen und zu beleidigen, wie es wohl 70-Jährige tun könnten. Auf weitere Zeichen der Spielleitung verjüngen sich die Kinder Schritt für Schritt weiter bis zum Babyalter, in dem auch gestritten wird, ohne sich dabei zu berühren. Im Anschluss an die Verjüngung werden die Unterschiede und deren Gründe in der gesamten Gruppe besprochen.

Die Beleidigungs-Reise

Alle Kinder sammeln gemeinsam Beleidigungen und Beschimpfungen, die sie schon einmal in der Schule oder auf dem Spielplatz gehört haben. Dabei sollte eine Liste entstehen. Manchmal kann die Fragestellung helfen: „Welche Beleidigungen würden euch kränken oder verletzen?“

Nun legen sich alle Kinder auf den Boden und schließen die Augen. Die Spielleitung liest nun langsam die Sätze von der Liste vor. Zwischen den einzelnen Sätzen sollten immer kurze Sprechpausen gemacht werden.

Im Anschluss setzen sich die Kinder hin und berichten von Gefühlen und Empfindungen. An was haben sie gedacht? Wurden sie an irgendwelche Situationen erinnert und wie haben sie sich gefühlt?

Die Schutzschild-Haltung

Die Kinder gehen durch den Raum, während die Spielleitung verschiedene Gefühle laut sagt. Die Kinder, die nicht sprechen dürfen, versuchen nun, sich dem Gefühl entsprechend durch den Raum zu bewegen, z.B. fröhlich, traurig, glücklich, ängstlich usw. Im Anschluss stehen alle Kinder im Kreis und wiederholen auf Ansage der Spielleitung die Körperhaltungen. Nun wird die Schutzschild-Haltung ausprobiert und einstudiert:

- die Füße schulterbreit auseinander
- die Knie ganz leicht gebeugt
- das Becken gerade
- die Schultern nach hinten gedrückt
- der Kopf gerade und leicht erhoben
- der ganze Körper aufrecht

Jetzt dürfen die Kinder wieder durch den Raum gehen und versuchen, die Schutzschild-Haltung auch im Gehen zu verwenden.

Die Gasse der Beleidigungen

Alle Kinder stellen sich in zwei Reihen mit einer Armlänge Abstand zueinander auf. Jetzt haben sie die Gasse der Beleidigungen gebildet. Nun werden zwei Freiwillige ausgesucht. Einer der beiden ist der beleidigende Beschimpfer, der am Ende in der Gasse steht, der andere ist auf dem Nachhauseweg und muss nun am Beschimpfer vorbei, der es ihm natürlich nicht leicht macht.
Am Anfang bietet es sich an, dass die Spielleitung den Beschimpfer spielt, damit die Rahmenbedingungen für die Kinder klar sind. Es ist nun die Aufgabe, in der Schutzschild-Haltung (siehe Spiel „Die Schutzschild-Haltung“) am Beschimpfer vorbeizukommen, ohne sich dabei auf einen Konflikt einzulassen.
Am Ende der Gasse angekommen, geben sich beide die Hände als Zeichen des Friedens und schon ist das nächste Kind auf dem Nachhauseweg. Sobald alle Kinder einmal erfolgreich durch die Gasse der Beleidigungen gekommen sind, ist die Übung beendet.

Eselchen, komm in den Stall

Zuerst wird ein Freiwilliger ausgesucht, der den Bauern spielt und kurz den Raum verlässt. Ein zweiter Freiwilliger wird als Eselchen ausgesucht. Das Eselchen darf nun ein Kompliment bestimmen und eine Beleidigung nennen. Der Bauer darf jetzt wieder den Raum betreten und erfährt, dass es draußen bereits dunkel wird und damit Zeit, das Eselchen in den Stall zu bringen. Schnell merkt der Bauer, dass sich das Eselchen keinen Zentimeter vom Fleck bewegt. Mit allen sprachlichen Mitteln versucht der Bauer, das Eselchen in den Stall zu bekommen. Sobald der Bauer das gewünschte Kompliment sagt, geht das Eselchen sofort in den Stall. Aber Vorsicht, sollte der Bauer fluchen und die geheime Beleidigung nennen, wird das Eselchen versuchen, den Bauern zu fangen. Sollte dem Eselchen dies gelingen, bevor der Bauer einmal um den Stuhlkreis gelaufen ist, wird der Bauer zum Esel und ein anderes Kind wird zum Bauern.

Der Beleidigungsball

Alle Kinder stehen im Kreis. Der Abstand zum nächsten Kind sollte ungefähr eine Armlänge betragen. Ein Freiwilliger wird in die Kreismitte gestellt. Die Kinder werfen sich einen großen Softball zu. Die Spielleitung erklärt, dass der Ball von nun an eine Beleidigung darstellt und wer den Freiwilligen in der Kreismitte mit dem Ball trifft, hat ihn erfolgreich beleidigt. Der Freiwillige wird versuchen, nicht vom Ball getroffen zu werden. Wer ihn getroffen hat, kommt in die Kreismitte. In Runde 2 erhält der Freiwillige einen Helfer. Dieser ist in seiner Schutzschild-Haltung (siehe Spiel „Die Schutzschild-Haltung") unempfindlich gegen Beleidigungen. Die Kinder im Kreis wollen weiterhin den Freiwilligen treffen, doch der Helfer wird dies nach besten Kräften verhindern. Wer trifft, wird zum Helfer, der Helfer wird zum Kind, das beworfen wird, und der Getroffene geht zurück in den Kreis.

Material

großer Softball

Wie findest du mich?

Alle Kinder sitzen im Stuhlkreis außer ein Freiwilliger, für den es keinen Sitzplatz gibt. Der Freiwillige darf nun durch den Kreis gehen und wenn er dabei vor einem Kind stehen bleibt, fragt er dieses: „Wie findest du mich?“ Auf diese Frage gibt es grundsätzlich drei mögliche Antworten:

1. „Gut“ – Alle Kinder bleiben auf ihren Plätzen sitzen.
2. „Geht so“ – Die beiden Kinder rechts und links neben dem Antwortenden springen auf und wechseln die Plätze. Dabei versucht der Freiwillige, einen der beiden Plätze zu besetzen.
3. „Nicht gut“ – Alle Kinder springen auf, beginnen zu schreien und tauschen die Plätze mit jemandem, der ihnen gegenüber sitzt. Auch dabei versucht der Freiwillige, einen Sitzplatz zu erreichen.

Das Kind, welches am Ende keinen Sitzplatz hat, beginnt wieder damit, die Sitzenden zu fragen: „Wie findest du mich?“

Spiele zum Verständnis der Opferrolle

Das ist aber meins

Die Kinder werden in Kleingruppen (vier bis fünf Kinder) aufgeteilt. In jeder Gruppe wird ein Opfer ausgesucht. Alle Gruppen setzen sich auf den Boden, das Opfer einer jeden Gruppe sitzt in der Mitte und hat einen Gegenstand (z.B. einen Schlüsselbund) vor sich liegen. Nun ist es die Aufgabe der anderen, dem Opfer den Gegenstand wegzunehmen, ohne unmittelbar beim Versuch, den Gegenstand zu nehmen, berührt zu werden. Wer beim Griff nach dem Gegenstand berührt wird, scheidet für diese Runde aus. Das Opfer versucht nach besten Kräften, auf den Gegenstand aufzupassen. Jedes Kind einer Kleingruppe sollte jede Rolle mindestens einmal übernommen haben. Im Anschluss bietet es sich an, zu besprechen, wie sich das Opfer und wie sich die Täter im Spiel gefühlt haben.

Du siehst mich nicht

Die Kinder werden in Gruppen (acht bis zehn Kinder) aufgeteilt. Jede Gruppe wählt einen Freiwilligen, dem die Augen verbunden werden. Die restlichen Kinder erhalten jeweils fünf Wäscheklammern und verteilen sich um das freiwillige Opfer. Es ist nun die Aufgabe der Kinder, ihre Wäscheklammern an der Kleidung des Opfers zu befestigen, ohne von ihm dabei berührt zu werden. Wer berührt wurde, scheidet aus und behält seine Wäscheklammern bis zum Schluss. Die Rolle des Opfers sollte jedes Kind mindestens einmal übernehmen. Im Anschluss soll zuerst das Opfer zu Wort kommen und über seine Empfindungen sprechen. Erst im nächsten Schritt sollen die Täter über die Macht sprechen, die sie im Spiel empfunden haben.

Material

Wäscheklammern, Augenbinden (eine pro Gruppe)

Auf dem Schulhof gemobbt

Die Kinder sitzen im Stuhlkreis. Die Spielleitung wählt einen Freiwilligen aus und gibt ihm einen Opfer-Umschlag. Im Umschlag befindet sich die Beschreibung eines „Mobbing-Vorfalls“, der sich auf dem Schulhof ereignet hat. Die übrigen Kinder versuchen herauszufinden, was genau passiert ist, während der Freiwillige nur mit „ja“ und „nein“ antworten darf. Sobald der Vorfall aufgeklärt wurde, dürfen Erfahrungen mit dem Thema ausgetauscht werden.

Informationen für den Opfer-Umschlag

- Was ist passiert?
- Warum ist es aus Sicht des Opfers passiert?
- Wer waren die direkten und wer die indirekten Täter?
- Wie hat sich das Opfer gefühlt?
- Wie hat sich das Opfer in der Situation verhalten?

Material

Umschlag mit Beschreibung eines „Mobbing-Vorfalls“

Herzklopfen

Die Kinder werden in Kleingruppen aufgeteilt (drei bis fünf Kinder). Jede Gruppe erhält ein großes Stück Tapete und Wachsmalstifte. Alle Gruppen erhalten den Auftrag, die Umrisse eines Kindes auf die Tapete zu zeichnen. Gemeinsam sollen die Kinder einer jeden Gruppe nun überlegen, wie es sich anfühlt, Opfer zu sein und wo am Körper sich diese Gefühle wie wahrnehmen lassen.

Beispiele

- Das Herz schlägt schnell.
- Die Beine werden weich.
- Es pocht im Kopf.
- Man bekommt schlecht Luft.

Die einzelnen Gefühle lassen sich mit den unterschiedlichen Farben gut darstellen. Im Anschluss vergleichen die Kinder ihre Zeichnungen und besprechen die unterschiedlichen Symptome.

Material

große Tapetenstücke, Wachsmalstifte

34

Es wird eng

Ein freiwilliges Kind verlässt den Raum, ohne zu wissen, was passieren wird. Die restlichen Kinder bekommen den Auftrag, einen Kreis um den Freiwilligen zu bilden, sobald dieser den Raum betreten hat. Die Gesichter bleiben dabei ausdruckslos und es wird bei dieser Übung nicht gesprochen. Im nächsten Schritt wird der Kreis um den Freiwilligen langsam immer enger, ohne ihn dabei zu berühren.
Im Anschluss werden zuerst die Empfindungen des freiwilligen Opfers angehört und besprochen, bevor auch die Täter zu Wort kommen.

Hinweis

Bei dieser Übung sollte vorweg die **Stoppregel** erläutert werden:
Für das Stoppsignal macht das Kind einen Schritt rückwärts, um ausreichend Distanz zu schaffen, und hält eine Hand wie ein Schutzschild vor den eigenen Körper (mit der Handinnenfläche nach vorne), während es laut und deutlich „Stopp“ sagt.
Damit bringt das Kind sowohl mit seiner Körperhaltung als auch akustisch zum Ausdruck, dass es mit

einer bestimmten Situation oder einem bestimmten Verhalten eines Kindes oder mehrerer Kinder nicht einverstanden ist.

Was guckst du?

Circa zehn Kinder stehen Schulter an Schulter im Kreis – mit dem Gesicht zur Kreismitte. Die Spielleitung steht mit einem großen, leichten Softball, den sie wurfbereit vor sich hält, in der Mitte. Sie dreht sich langsam und schaut jedem Kind tief in die Augen. Ohne erkennbaren Grund und ohne Vorankündigung wirft sie den Ball ganz leicht an die Stirn eines Kindes, welches versucht, still stehen zu bleiben und den Ball vollkommen zu ignorieren. Nach wenigen Runden kann die Spielleitung ihre Rolle mit einem Kind tauschen.

Im Anschluss wird mit den Kindern besprochen, wie sie sich gefühlt haben und was es in ihnen ausgelöst hat, wenn die Spielleitung sie angeschaut hat oder der Ball sie an der Stirn berührt hat.

Material

Softball

Täter und Opfer

Die Kinder stellen sich in zwei Reihen mit einer Armlänge Abstand gegenüber auf. Die eine Reihe spielt die Rolle der Täter und die andere Reihe die Rolle der Opfer. Nun beginnen die Opfer, langsam und mit ständigem Augenkontakt zum Täter in die Knie zu gehen. Sobald der tiefste Punkt erreicht wurde, darf der Täter einen kleinen Schritt auf das Opfer zugehen, während er dabei weiterhin fest den Blickkontakt hält.
Im nächsten Schritt werden die Rollen getauscht, bevor im Anschluss die Empfindungen und Gefühle der Opfer im Vordergrund der Besprechung stehen.

Spatzen und Käfer

Die Kinder werden in Käfer (zu zwei Dritteln) und Spatzen (zu einem Drittel) aufgeteilt. Die Käfer befinden sich auf der einen Seite des Raumes auf dem Boden und die Spatzen auf der anderen Seite. Die Aufgabe der Käfer ist es, auf die andere Seite des Raumes zu krabbeln, während die Spatzen versuchen, die Käfer auf den Rücken zu drehen. Sobald ein Käfer auf dem Rücken liegt, kann er sich nicht mehr bewegen und muss darauf warten, von einem anderen Käfer befreit zu werden. Durch eine Berührung mit der Stirn auf den Bauch eines umgedrehten Käfers wird dieser befreit und darf weiterkrabbeln.
Im Anschluss werden zuerst die Käfer nach ihren Erfahrungen und Empfindungen befragt, bevor auch die Spatzen zu Wort kommen.

38

Peter Pan und Kapitän Hook

Jedes Kind sucht sich einen Partner. Die beiden Kinder stellen sich hintereinander auf und verteilen die Rollen. Vorne steht Peter Pan und hinter ihm Kapitän Hook. Nun ist es die Aufgabe von Peter Pan, die Arme auszubreiten, um davon zu fliegen. Jedoch drückt Kapitän Hook von oben gegen die Arme, um das Davonfliegen zu verhindern.
Anschließend werden die Rollen getauscht, bevor in der Gruppe über die Empfindungen und Gefühle bei dieser Übung gesprochen wird.

Falscher Ritterschlag

Die Kinder stellen sich mit dem Gesicht nach außen in einen großen Kreis. Die Spielleitung, die eine Papprolle (z. B. von Küchenpapier) in der Hand hält, bewegt sich langsam durch den Kreis, während die Kinder nicht sprechen und ruhig mit Blick nach außen stehen bleiben. Sobald die Spielleitung sich einem Kind nähert und dieses vermutet, dass es als nächstes den falschen Ritterschlag erhält, soll es die Hand heben. Mit erhobener Hand ist es geschützt und die Spielleitung geht weiter durch den Kreis. Sollte das Kind jedoch nicht merken, dass die Spielleitung bereits hinter ihm steht, schlägt sich die Spielleitung selbst auf den Unterarm, so dass ein Geräusch entsteht, und geht weiter. Im Anschluss werden die Kinder nach ihren Gedanken, Gefühlen und Empfindungen befragt. Es ist zu empfehlen, dass vor Beginn dieser Übung die Stoppregel noch einmal ausführlich besprochen wird (siehe Spiel „Es wird eng“).

Material

Papprolle

Spiele zum Enttarnen der Täterrolle

Der Augenkampf

Erklären Sie den Kindern, dass wir mit den Augen sprechen können. So ist es möglich, dass wir anderen sagen „Schön, dass du hier bist“ oder „Ich finde dich nett“, wenn wir ihm in die Augen schauen. Wenn wir dem anderen nicht in die Augen schauen, kann das bedeuten, dass wir uns vor ihm fürchten. Wenn wir jemandem sehr fest und tief in die Augen schauen, dann sagen wir „Ich bin sauer auf dich“ oder „Durch dich spüre ich meine Wut deutlicher“.
Jedes Kind sucht sich einen Partner und auf ein Startsignal hin beginnen die Paare mit einem Augenkampf. Wer zuerst wegschaut, hat verloren. Nach wenigen Runden sollte der Partner getauscht werden. Im Anschluss werden zuerst die Gewinner befragt:

- War es sehr schwer zu gewinnen?
- Wie hat es sich angefühlt, als der andere weggeschaut hat?
- Woran lag es, dass ihr gewonnen habt?
- Welche Tipps könnt ihr den Verlierern geben, damit sie das nächste Mal auch gewinnen?
- Wie fühlt sich ein Kind, das in dieser Situation nicht mithalten kann?

Spieglein, Spieglein ...

Alle Kinder suchen sich einen Partner. Da die Paare im weiteren Verlauf wieder wechseln, kann ruhig jedes Kind seinen Wunschpartner auswählen. Die Aufgabe besteht darin, dass das eine Kind den Akteur spielt, während das andere Kind nur das Spiegelbild des Akteurs darstellt. Nachdem die Rollen vergeben wurden und die Paare sich im ganzen Raum verteilt haben, nennt die Spielleitung die erste Emotion, die von den Akteuren gespielt und vom Spieglein gespiegelt wird. Es bietet sich an, diese Übung mit Glück oder Freude zu starten. Nach circa einer Minute wird die Emotion gewechselt, z.B. zu Trauer oder Enttäuschung. Nach einer weiteren Minute zu Entspannung oder Zufriedenheit usw. Letztendlich sagt die Spielleitung nun Wut und Aggression an. Für diese Emotion erhalten die Kinder doppelt so viel Zeit. Bevor die Rollen getauscht werden, können nun innerhalb der Paarungen und danach in der gesamten Gruppe die Erfahrungen, Empfindungen und Gedanken ausgetauscht werden.

Auf dem Schulweg

Es werden zwei freiwillige Kinder ausgesucht, die im folgenden Rollenspiel die Rolle der Täter übernehmen. Ein weiteres Kind wird ausgewählt, um die Rolle des Opfers zu übernehmen. Diese drei Kinder verlassen kurz den Raum.

Die übrigen Kinder werden auf die folgende Situation vorbereitet:

Das Opfer ist auf dem Schulweg und trägt dabei seinen Ranzen auf dem Rücken. Die beiden Täter warten bereits auf das Opfer und werden es provozieren, gerne würden sie es ein wenig hin und her schubsen, um sich mächtig zu fühlen. Auf ein Zeichen der Spielleitung hin werden die zuschauenden Kinder aktiv, bilden einen Kreis um die Täter und sagen laut: „Lasst das, das ist ziemlich dumm, was ihr hier versucht."

Nach dieser Instruktion werden die drei Kinder wieder in den Raum gebeten und die Übung beginnt. Die beiden Täter stehen bereit, das Opfer kommt in ihre Nähe und schon beginnen die beiden, das Opfer zu provozieren.

Die Spielleitung sollte spätestens das Zeichen für die zuschauenden Kinder geben, wenn die Täter deutlich Oberhand gewinnen.

Sofort im Anschluss an die Übung werden die Täter nach ihren Gefühlen im Übungsverlauf befragt. Besonders wichtig ist der Moment, in dem die anderen Kinder eingegriffen haben.

Die Gladiatoren

Zwei freiwillige Kinder werden zu Gladiatoren bestimmt und kurzzeitig vor die Tür geschickt. Alle anderen Kinder werden von der Spielleitung mit 1 und 2 durchgezählt und erhalten folgende Instruktion: Markus und Dominik stehen als Gladiatoren vor der Tür. Alle Kinder mit der Nummer 1 sind Markus-Fans und alle Kinder mit der Nummer 2 sind Dominik-Fans. Sobald die beiden reinkommen, beginnt ihr damit, sie anzufeuern. Wenn die Spielleitung ein Zeichen gibt, z. B. einen Finger hochhält, werden alle Kinder sofort zu Markus-Fans und feuern nur noch ihn an. Sobald die Spielleitung ein weiteres Zeichen gibt, z. B. zwei Finger hochhält, werden alle Kinder zu Dominik-Fans und feuern jetzt nur noch ihn an. Auf ein letztes Zeichen hin, z. B. drei Finger hochhalten, werden alle Kinder sofort still, drehen sich um und schauen aus den Fenstern oder an die Wände.
Die beiden Gladiatoren werden nun wieder in den Raum gebeten und erhalten jeweils einen Bataka (Schaumstoffschlegel). Bevor der Kampf losgehen kann, bestimmen die beiden, an welcher Körperstelle sie mit dem Bataka nicht berührt werden wollen und geben sich die Hand auf einen fairen Kampf. Nun kann der Kampf beginnen und die Spielleitung gibt nach

und nach die drei Zeichen. Nach dem dritten Zeichen werden die Gladiatoren von allein aufhören, miteinander zu kämpfen und die Reflexion der Gefühle, Empfindungen und Gedanken kann beginnen: Was ist passiert und wieso habt ihr plötzlich aufgehört zu kämpfen?

Material

zwei Batakas (Schaumstoffschlegel)

Der böse Magier

Ein freiwilliges Kind wird ausgesucht und übernimmt die Rolle des bösen Magiers. Alle anderen Kinder bewegen sich frei durch den Raum. Doch aufgepasst, der böse Magier kann Kinder nicht leiden und besonders die nicht, die glücklich und munter sind. Sobald der Magier ein Kind berührt, wird es versteinert und kann sich nun nicht mehr bewegen oder sprechen. Das Kind kann jedoch erlöst werden – ein Junge nur von einem Mädchen und ein Mädchen nur von einem Jungen – indem das freie Kind dem versteinerten Kind über die Stirn streicht und ihm ins Ohr flüstert: „Ich passe auf dich auf.“ Der böse Magier hat drei Minuten Zeit, alle Kinder zu versteinern. Nach wenigen Runden werden zuerst die bösen Magier befragt, wie schwer die Aufgabe war, wie sie sich gefühlt haben und ob und warum es schöner war, der böse Magier gewesen zu sein. Im Verlauf sollte jedes Kind einmal die Rolle des bösen Magiers gespielt haben.

Nord- und Südländer

Die Kinder werden in zwei gleich große Gruppen aufgeteilt (mindestens fünf pro Gruppe). In der Mitte des Raumes wird eine Linie gezogen. Die Kinder auf der einen Seite sind Nordländer, auf der gegenüberliegenden Seite befinden sich die Südländer. Die Spielleitung sollte darauf hinweisen, dass beide Kulturen sowohl Stärken als auch Schwächen haben. Wer die Linie überquert, wechselt die Kultur. Die Kinder stellen sich rechts und links der Grenzlinie auf und werden auf ein Startsignal hin versuchen, die Kinder der anderen Seite auf die eigene Seite zu ziehen. Solange ein Kind einen Fuß auf der Seite seiner Kultur oder eine körperliche Verbindung zu seiner Kultur hat, gehört es zu dieser.

Im Anschluss erhalten die Kinder die Möglichkeit, über die Übung zu sprechen. Dabei ist es von Vorteil, die Kinder, die aktiv an der Grenzlinie gespielt haben, zuerst zu befragen.

Vor dieser Übung sollte unbedingt die Stoppregel (siehe Spiel „Es wird eng“) noch einmal besprochen werden.

Dem Täter auf der Spur

Ein freiwilliges Kind wird kurz vor die Tür geschickt. Die Spielleitung wählt dann aus der übrigen Gruppe einen Täter aus. Sobald das freiwillige Kind von draußen den Raum betreten hat, beginnt es, die Gruppe genau zu beobachten, da es auf der Suche nach dem Täter ist. Alle übrigen Kinder im Raum ahmen den Täter nach, der sich sehr bedeckt halten muss, um nicht erkannt zu werden.

Im Anschluss wird zuerst der Täter befragt, was an seiner Aufgabe leicht und welcher Anteil schwieriger war, bevor das freiwillige Kind zu Wort kommt.

Alle Kinder sollten beide Rollen mindestens einmal übernommen haben.

Du entkommst uns nicht

Die Kinder werden in Gruppen aufgeteilt (12 bis 14 Kinder). Fünf Kinder bilden einen Kreis, sechs Kinder bilden einen weiteren Kreis um die fünf Kinder herum. In der Mitte befindet sich das freiwillige Opfer. Aufgabe für das Opfer ist es nun, aus den Kreisen herauszukommen. Verstärkend wirkt, wenn die Kinder in den Kreisen „Du entkommst uns nicht“ im Chor sprechen. Die Opferrolle wird von jedem Kind einmal übernommen. Im Anschluss an jede Runde werden ausführlich die Täter befragt, bevor das Opfer zu Wort kommt.

Hinweis

Für diese Übung ist es wichtig, dass die Rahmenbedingungen mit den Kindern genau besprochen werden. Jede Form von Schlagen, Treten, Verletzen ist verboten. Jedes Kind sollte vor Beginn der Übung ein „Save-Wort“ bestimmen. Sobald dieses Wort genannt wird, ist die Übung sofort beendet.

Die Konferenz

Anlässlich eines aktuellen Vorfalls wird die Konferenz einberufen. Dabei werden der oder die Täter gebeten, sich mit dem Rücken zur restlichen Gruppe auf einen Stuhl zu setzen.

Die Gruppe beginnt nun, über den Vorfall, Ursache, Ablauf, Tat und Folgen zu sprechen, während der oder die Täter nur zuhören. Wichtig dabei ist, darüber zu sprechen, warum die Gruppe die Tat verurteilt und sich wünscht, dass sich der oder die Täter in Zukunft anders verhalten.

Am Ende der Konferenz dürfen der oder die Täter sich wieder zur Gruppe umdrehen und erhalten Zuspruch, bei richtigem Verhalten ein wichtiges Mitglied der Gruppe zu sein.

Helfersprechstunde

Anlässlich eines aktuellen Vorfalls wird die Helfersprechstunde einberufen. Dabei wird das Opfer gebeten, in einem Vieraugengespräch über die Mobbing-Vorfälle zu sprechen.

- Was ist passiert?
- Wo ist es passiert?
- Wer war daran beteiligt?
- Wie hast du dich gefühlt?
- Wer hat dir geholfen?
- Wessen Hilfe hast du dir gewünscht?
- Mit wem bist du befreundet?

Im Anschluss findet – mit Zustimmung des Opfers – die Helfersprechstunde ohne das Opfer statt. Dabei treffen sich Unbeteiligte, Freunde des Opfers und die Täter. Die Täter werden nicht direkt angesprochen, vielmehr erhalten sie die Chance, Helfer zu werden. Die Sprechstunde wird wie folgt angefangen: „Ihr habt ja mitbekommen, dass es Max nicht so gut geht, da er sich in letzter Zeit sehr unwohl auf dem Pausenhof fühlt und es Schüler gibt, die ihn ärgern ... Wie können wir ihm helfen?“

Don Bosco MiniSpielothek
Klein, fein, alles drin

ISBN 978-3-7698-2587-9

ISBN 978-3-7698-2588-6

ISBN 978-3-7698-2582-4

ISBN 978-3-7698-2583-1

ISBN 978-3-7698-2577-0

ISBN 978-3-7698-2576-3

ISBN 978-3-7698-2573-2

ISBN 978-3-7698-2572-5

ISBN 978-3-7698-2569-5

ISBN 978-3-7698-2565-7

ISBN 978-3-7698-2558-9

ISBN 978-3-7698-2559-6

ISBN 978-3-7698-2556-5

ISBN 978-3-7698-2555-8

ISBN 978-3-7698-2546-6

ISBN 978-3-7698-2545-9

ISBN 978-3-7698-2540-4

ISBN 978-3-7698-2539-8

ISBN 978-3-7698-2521-3

ISBN 978-3-7698-2520-6

ISBN 978-3-7698-2510-7

ISBN 978-3-7698-2509-1

ISBN 978-3-7698-2503-9

ISBN 978-3-7698-2498-8

ISBN 978-3-7698-2497-1

ISBN 978-3-7698-2466-7

ISBN 978-3-7698-2465-0